Math challenger
수학 영재들이 꼭 읽어야 할 천재 수학자 10
수학으로 불가능을 뛰어넘어라 **칸토어**

글 김경희

한국아동문학회와 한국문인협회 회원으로 활동하며 다양한 어린이 책을 쓰고 있습니다.
『생명이 숨 쉬는 숲』『세상 모든 경제학자의 경제 이야기』『국악 마을 대금이 사라졌다!』『아찔아찔 화학, 황금 비밀을 찾아라!』들에 글을 썼습니다.

그림 최지경

대학에서 시각 디자인을 공부했습니다. 일러스트레이터 모임인 '미루나무' 회원으로 활동하고 있습니다.
『연오랑 세오녀』『탈무드』『우리 놀이 우리 문화』들에 그림을 그렸습니다.

감수 계영희

고신대학교 정보미디어학부 교수로 재직하고 있습니다. 한국수학교육학회 이사를 지냈으며, 한국수학사학회 부회장, 한국수리과학회 이사를 맡았습니다. 지금은 수학 교사들을 대상으로 한 강연들을 통해 수학을 쉽고 재미있게 가르치는 일에 힘쓰고 있습니다.
『수학과 미술』『수학을 빛낸 여성들』『피아제와 반 힐레 실험에 근거한-우리 아이 수학 가르치기』『수학과 문화』들에 글을 썼고,「수학사랑」에 '수학과 미술'이라는 주제로 일 년 동안 글을 연재하였습니다.

수학 영재들이 꼭 읽어야 할 천재 수학자 10

Math challenger

수학으로 불가능을 뛰어넘어라

칸토어

글 김경희 | 그림 최지경 | 감수 계영희

살림어린이

추천 글

　현대 수학의 대문을 활짝 열어젖힌 수학자 칸토어! 무한 개념으로 집합론을 창시한 칸토어!

　오늘날 현대 수학 밑바탕에는 모두 집합론이 깔려 있어요. 중학교, 고등학교 수학 시간에도 맨 처음 집합을 배우지요.

　틀에 박힌 생각을 깨고 전혀 새로운 생각을 하는 것은 멋진 일이에요. 하지만 새로운 것은 언제나 크고 작은 충격을 주게 마련이에요. 칸토어가 내놓은 집합론은 다른 수학자들에게 굉장한 충격을 안겨 주었지요.

　안타깝게도 이 충격은 고스란히 칸토어에게 비난으로 되돌아왔어요. 업적을 인정받기까지 칸토어는 심한 가슴앓이를 했지요. 그래서 조금 슬프게 기억

되는 수학자이기도 해요.

  이 책은 어려운 집합론을 어린이 눈높이에 맞추어 자연스럽게 이해되도록 설명했어요. 또 부모님들은 칸토어 이야기를 읽으면서, 귀에는 익으면서도 멀게만 느껴지는 집합론을 새로운 눈으로 들여다볼 수 있지요.

  현대 수학 발전의 원동력이 된 칸토어를 만나기를 바라며 이 책을 추천해요.

2008년 9월

고신대학교 정보미디어학부 겸 유아교육과 교수

계영희

책을 읽기 전에

"수학의 본질은 그 자유성에 있다!"

칸토어는 다른 수학자들을 향해 자유를 부르짖었어요. 수학자들이 그동안 철썩같이 믿고 있던 사실을 뒤엎었는데, 수학자들이 그 사실을 받아들이지도 않고 인정하지도 않았기 때문이에요.

당시 '무한'은 수학자들에게는 함부로 다루어서는 안 될 대상이었어요. 또 그래서는 안 된다고 생각했지요. 그런 분위기 속에서 칸토어는 오랜 시간 외로운 싸움을 했어요. 칸토어 자신조차도 스스로 의심하는 힘겨운 시간들을 보냈지요.

그렇게 엄청난 반대에 부딪치며 진통을 겪은 집합론은 현대 수학의 기초를 세우는 주춧돌이 되었어요. 시대를 앞서 갔기에, 수학을 사랑했기에, 사람들에게 외면을 받으면서도 연구를 계속했던 칸토어.

자, 그럼 지금부터 위대한 수학자 칸토어 이야기 속으로 들어가 볼까요?

2008년 9월
김경희

차례

무한을 셈하다 ---------- 8

고분고분한 아이 ---------- 18

수학자의 꿈 ---------- 30

베를린 대학교로 가다 ---------- 40

집합론 탄생 ---------- 50

쏟아지는 비난 ---------- 62

수학의 본질 ---------- 72

등을 돌리는 사람들 ---------- 84

우울증과 싸우는 수학자 ---------- 98

너무 늦은 화해 ---------- 110

▶ 수학사에 남긴 칸토어의 업적 - 118
▶ 칸토어 더 살펴보기 - 124

무한을 셈하다

"으아, 믿을 수가 없어!"

탁자에 앉아 뭔가를 적고 있던 젊은 남자가 갑자기 소리를 질렀습니다. 젊은 남자는 할레 대학교 부교수인 게오르크 칸토어였습니다.

"도대체 무슨 일인데 그래요?"

아내가 놀란 눈을 하고 뛰어왔습니다.

"당신이 만약 수를 센다면 얼마까지 셀 수 있을 것 같소?"

칸토어가 장난기 가득한 표정으로 아내를 바라보았습니다.

"갑자기 왜 그런 걸 물어요?"

아내가 눈을 반짝이며 귀를 기울였습니다.

"어서 대답해 보구려."

그러자 아내는 느릿느릿 숫자를 세어 보기 시작했습니다.

"하나, 둘, 셋, 넷, 다섯……."

"그러다 밤새겠구려."

"글쎄요? 잠도 자지 않고 하루 종일 숫자만 센다면 한 십만까지 셀 수 있을까요?"

"아마도 그렇겠지. 그럼 무한히 많은 숫자는 셀 수 있을 것 같소, 없을 것 같소?"

칸토어 질문에 아내는 잠시 생각에 잠기더니 이내 입을 열었습니다.

"무한이라면 끝도 없이 계속되는 숫자 아닌가요?

당연히 셀 수 없겠지요."

"하지만 내 연구에 따르면 이 세상에 셀 수 없는 숫자는 없소."

칸토어가 웃음 띠며 말했습니다.

"뭐라고요?"

아내는 정말 뜻밖이라는 듯 눈을 크게 떴습니다.

"당신, 설마 바닷가 모래알까지 셀 수 있다고 말하는 건 아니지요?"

아내는 알쏭달쏭한 얼굴로 물었습니다.

"왜 아니겠소? 바닷가 모래알도 충분히 셀 수 있다오."

"어떻게요?"

"시간만 주어진다면 그깟 모래알쯤이야 모두 셀 수 있지 않겠소?"

칸토어가 빙그레 웃었습니다.

"사막에 있는 모래알도 셀 수 있다고 하겠군요."

아내는 칸토어 얼굴을 빤히 쳐다보며 이렇게 중얼거렸습니다.

"못 할 것도 없지! 무한을 셀 수 있는데 그깟 사막 모래알 정도가 문제겠소? 내 이럴 게 아니라 데데킨트를 만나 이 놀라운 사실을 알려야겠소."

칸토어가 자리에서 일어나 옷을 주섬주섬 갈아입기 시작했습니다.

"이 밤중에 거길 가겠다는 말이에요?"

"미안하오. 내 빨리 갔다 오리다."

칸토어는 서둘러 외투를 입었습니다.

"여보! 아무리 그래도 우린 지금 신혼 여행 중이란 말이에요. 수학은 나중에 하시면 안 돼요?"

"당신이 좀 이해해 주구려."

칸토어는 아내를 보며 헤벌쭉 웃어 보였습니다.

칸토어는 아내 볼에 입을 맞추고는 서둘러 방을 나갔습니다. 그러고는 곧장 데데킨트가 머물고 있

는 호텔을 찾아갔습니다.

"데데킨트, 저 왔어요."

"칸토어, 이 밤중에 무슨 일인가? 신부는 어떻게 하고? 무슨 큰일이라도 생겼나?"

데데킨트는 깜짝 놀라 연달아 질문을 했습니다.

그도 그럴 것이 칸토어는 지금 신혼 여행 중이었습니다. 그런데 신혼 여행까지 와서 아내 혼자 두고 자기를 찾아왔으니 놀랄 수밖에 없었습니다.

"사실은 내가 방금 굉장한 걸 생각해 냈어요."

칸토어가 무슨 대단한 것이라도 알아낸 것처럼 호들갑스럽게 말했습니다.

"또 뭘 알아냈기에 그래?"

"무한을 계산하는 방법을 찾았어요."

칸토어가 떨리는 목소리로 말했습니다.

"무한을 계산한다고? 어떻게 말인가?"

데데킨트는 깜짝 놀라 물었습니다.

"자, 잘 봐요."

칸토어는 흰 종이 위에 빼곡히 숫자를 쓰기 시작했습니다.

데데킨트는 귀를 쫑긋 세우고 칸토어 말에 귀를 기울였습니다.

칸토어는 이미 일 년 전인 1873년에 *유리수는 무한이지만 셀 수 있다는 주장을 해서, 데데킨트를 놀라게 한 적이 있었습니다. 비슷한 주제를 연구하고 있던 데데킨트는 그 일을 계기로 칸토어와 알고 지내는 사이가 되었습니다.

편지를 주고받으며 함께 연구를 하던 두 사람은 스위스에서 만났습니다. 칸토어는 신혼 여행을 오고 데데킨트는 휴가를 왔지만, 그 어느 때보다도 수학 연구에 열을 올렸습니다. 그날 밤, 두 사람은 밤이 깊은 줄도 모르고 수학 이야기에 빠져 있었습니다.

그해 칸토어는 집합론을 세상에 내놓았습니다. 스물아홉 살에 이루어 낸 대단한 일이었습니다. 하지만 *논문이 발표되자, 다른 수학자들은 무서운 기세로 칸토어를 비난하기 시작했습니다.

"무한을 셈한다고? 미친 거 아냐?"

＊유리수 정수와 분수를 합친 것.
＊논문 자기 의견, 주장을 체계적으로 적은 글.

"유한만 해도 머리 아파 죽겠는데, 끝도 없이 계속되는 무한을 계산하겠다고? 정신 나간 소리 하고 있어."

"맞아! 하루 종일 아무 일도 하지 말고 숫자만 세라는 소리야?"

수학자들은 하나같이 칸토어를 정신 나간 사람으로 몰아붙였습니다.

'모든 수학자들이 내 연구를 이해하지 못하고 있어. 정말로 내 연구가 잘못된 것은 아닐까?'

수학자들의 비난이 계속되자, 칸토어는 절망에 빠졌습니다.

고분고분한 아이

칸토어는 러시아 상트페테르부르크에서 태어났습니다. 아버지는 덴마크 사람이었는데, 전쟁을 피해 러시아로 왔습니다. 그 뒤 결혼을 하고, 칸토어를 낳았습니다.

칸토어는 여섯 남매 가운데 첫째로 태어났습니다. 가정교사에게 공부를 배우며 고이고이 자란 칸토어는 음악과 미술에 재능이 뛰어났습니다. 특히 바이올린 연주 솜씨는 아주 뛰어났습니다.

어느 날이었습니다.

그날도 칸토어는 자기 방에서 바이올린을 연주하고 있었습니다.

"호호, 우리 아들 바이올린 연주 솜씨가 보통이 아닌걸."

어머니가 흐뭇한 듯 칸토어를 바라보았습니다.

"그러게 말이오. 칸토어가 내 사촌인 요제프보다 더 유명한 음악가가 되는 거 아니오?"

아버지 역시 칸토어가 대견한 듯 큰 소리로 껄껄 웃었습니다.

칸토어 집안은 음악에 재능이 뛰어난 사람들이 많았습니다. 유명한 *실내 음악 연주자도 있었고, 음악 학교를 설립한 지휘자도 있었습니다.

음악가가 많이 나온 집안에서 태어난 칸토어가 바이올린 연주를 잘하는 것은 결코 우연이 아니었습니다.

***실내 음악** 한 악기가 한 부분씩 맡아 연주하는 합주곡으로, 이중주·삼중주 따위로 나뉨.

하지만 칸토어는 바이올린보다도 훨씬 더 좋아하는 것이 있었습니다. 바로 숫자였습니다.

칸토어는 아주 어릴 적 어머니에게 숫자를 배웠는데, 숫자를 배운 뒤로 집 안을 돌아다니며 숫자란 숫자는 모두 찾아가면서 읽기 시작했습니다.

"와, 이건 2다! 이건 8이다! 숫자가 꼭 그림 같아!"

칸토어는 숫자로 빼곡히 채워진 아버지의 장부를 특히 좋아했습니다.

아버지는 상트페테르부르크에서 무역 일을 하고 있었습니다. 아버지는 날마다 장부를 펴 놓고 들어온 돈과 나간 돈을 계산했습니다.

아버지가 장부를 펼칠 때면, 칸토어는 바이올린을 팽개쳐 두고 아버지 곁으로 다가갔습니다. 그리고 장부에 온 정신을 빼앗겼습니다.

"와, 숫자들이 줄을 서 있네!"

칸토어가 장부에 쓰여 있는 숫자들을 보며 신기한 듯 말했습니다.

"하하, 그리고 보니 숫자들이 나란히 줄을 서 있구나!"

아버지는 그 말이 재미있는지 껄껄 웃었습니다.

칸토어는 아버지 옆에 쭈그려 앉았습니다. 그리고는 아버지가 계산하는 모습을 신기한 듯 바라보았습니다.

어린 칸토어에게 장부에 가득히 쓰여 있는 많은 숫자를 단번에 셈하는 아버지 모습은 정말 놀랍기만 했습니다.

"와, 우리 아빠는 천재다!"

"천재?"

"이렇게 많은 숫자를 금방 계산하잖아요. 아빠, 저한테도 셈하는 법을 가르쳐 주세요."

칸토어가 물끄러미 아버지를 바라보았습니다.

"하하, 녀석! 셈하는 것이 그렇게 배우고 싶으냐?"

칸토어는 고개를 크게 끄덕였습니다.

"자, 셈은 이렇게 하는 거란다. 셈을 하려면 숫자를 이렇게 나란히 줄 세우는 것이 중요해."

아버지는 칸토에게 셈하는 법을 차근차근 가르쳐 주었습니다.

칸토어는 눈을 동그랗게 뜨고 아버지가 하는 말을 찬찬히 들었습니다.

"아, 그렇게 하는 거구나."

신이 난 칸토어는 여기 저기 숫자를 적어 가며 셈을 해 보았습니다.

"이제부터 숫자는 내 친구야."

칸토어는 틈나는 대로 숫자를 적으며 셈을 했습니다.

그러던 어느 날이었습니다. 저녁 늦게 집에 돌아온 아버지는 탁자 위에서 무언

가를 적고 있는 칸토어에게 다가갔습니다.

"뭘 하고 있니?"

아버지는 궁금한 얼굴로 칸토어를 물끄러미 바라보며 물었습니다.

"숫자를 적어 셈하고 있었어요."

"셈하는 것이 그렇게 재미있니?"

"네, 정말 재미있어요. 그런데 아빠, 셈하는 것은 누가 발견했어요?"

"아마도 수학자들이 발견하지 않았을까?"

"수학자라고요?"

"그래. 수학자들은 지금도 수학에 대한 여러 가지 것들을 발견하고 있을 거야."

"그러니까 수학자들은 수학을 발명하는 사람들이네요? 아빠, 저도 이다음에 수학자가 될래요."

그런데 칸토어 말을 들은 아버지 얼굴이 웬일인지 굳어졌습니다.

"아빤 네가 과학 공부를 열심히 해서 훌륭한 기술자가 되었으면 좋겠구나."

아버지는 칸토어를 수학자로 만들고 싶은 생각이 추호도 없었습니다.

이왕이면 돈도 잘 벌고 모든 사람들에게 존경을 받는 사람으로 키우고 싶었습니다. 아버지는 큰아들에게 거는 기대가 유난히 컸습니다.

'나는 수학이 제일 좋은데 아버지는 이렇게 재미있는 수학을 못 하게 하시다니.'

칸토어는 속이 상했습니다. 하지만 칸토어는 곧 마음을 바꿔 먹었습니다. 아버지 말을 거역하고 싶지는 않았습니다.

"앞으로는 과학 공부도 열심히 할게요."

칸토어는 다부지게 말했습니다.

"그럼, 그래야지!"

아버지는 그런 칸토어가 대견스러워 머리를 쓰다

듬어 주었습니다.

 칸토어는 수학 실력이 날이 갈수록 늘었습니다. 이제 아버지가 채 계산을 끝내기도 전에 셈을 마칠 정도가 되었습니다.

 그날도 칸토어는 아버지 곁에서 아버지가 셈하는 모습을 지켜보고 있었습니다.

 "아버지, 그건 325*루블이에요."

 "벌써 계산을 했단 말이냐?"

 그리고 조금 뒤, 계산을 끝마친 아버지는 놀라 입을 다물지 못했습니다.

 "정말로 325루블이구나! 어떻게 그렇게 빨리 셈을 할 수 있었니?"

 "규칙을 찾았거든요. 무턱대고 더하기만 하면 시간이 많이 걸리더라고요. 그래서 좀 더 쉽게 셈하는 방법을 생각해 봤어요."

 대답을 하는 칸토어 얼굴에 자신감이 넘쳤습니

*루블 러시아 돈을 세는 단위.

다. 아버지에게 칭찬을 받을 수 있어서 무척 기뻤습니다.

'한 자리 숫자를 더하는 법만 가르쳤는데 어느새 저렇게 셈을 잘하다니!'

아버지는 칸토어가 어쩌면 수학에 천재적인 재능이 있을지도 모른다고 생각했습니다.

수학자의 꿈

　1856년, 칸토어네 식구는 독일 프랑크푸르트로 이사를 했습니다. 러시아의 추운 날씨 때문에 아버지 건강이 나빠졌기 때문이었습니다.

　칸토어는 *김나지움에 입학을 하면서 식구들과 떨어져 지내야 했습니다.

　칸토어는 식구들과 떨어져 지내야 한다는 것이 조금 슬프기는 했지만, 김나지움에서 새로운 것을 많이 배울 수 있어서 기뻤습니다.

＊**김나지움** 독일의 전통적인 중등 교육 기관.

김나지움에 다니는 동안 칸토어는 더욱더 수학에 빠져 들었습니다.

칸토어는 날마다 밤이 깊은 줄도 모르고, 수학 책을 읽었습니다. 수학은 알면 알수록 재미있는 학문이었습니다.

칸토어는 학교를 오갈 때도 시간이 아까워 수학 책을 읽으면서 다닐 정도였습니다.

"수학이 그렇게 재미있니?"

하루는 친구가 칸토어에게 물었습니다.

"그럼, 숫자는 음악 같아. 잘 살펴보면 규칙적인 리듬이 있거든."

"리듬?"

친구는 고개를 갸웃거리며 되물었습니다.

"그래. 어떤 수들은 곱셈을 하면 똑같은 숫자가 계속 나오기도 해. 수학은 정말 신기하고 재미있고 아름다워."

칸토어가 즐겁게 떠들어 댔습니다.

평소에는 조용하기 이를 데 없던 칸토어는 수학 이야기만 나오면 신이 났습니다.

"수학이 재미있고 아름답다고? 나는 숫자만 보면 머리가 아프던데."

친구가 입을 삐죽이며 말했습니다.

"수학 문제를 풀 때 머리로만 생각하면 안 돼. 숫자를 그림처럼 생각해 봐! 그리고 꼭 선생님이 가르쳐 준 대로 문제를 풀 필요는 없어. 쉽고 재미있고 편리한 방법을 찾아봐!"

칸토어는 빙긋 웃음을 지었습니다.

한편 아버지는 칸토어가 지닌 수학적인 재능을 알면서도 슬슬 걱정이 들었습니다.

아버지는 일을 그만두고 집에서 쉬고 있었습니다. 그동안 무역 일로 돈을 많이 벌었기 때문에 힘들게 일을 하지 않아도 되었습니다. 아버지는 칸토어 장래를 걱정하면서 시간을 보냈습니다.

'내 아들을 별 볼일 없는 수학자로 만들 수는 없어. 기술을 배워 힘들지 않게 살았으면 좋겠어.'

아버지가 보기에 수학자는 고생길이 훤한 직업으로 보였습니다. 아버지는 칸토어가 좀 더 편안한 직업을 가졌으면 좋겠다고 생각했습니다.

아버지는 어떻게 하면 칸토어가 마음을 바꿀 수 있을지 고민했습니다.

"그래, 그 방법이 좋겠어."

아버지는 편지지를 꺼내 칸토어에게 편지를 쓰기 시작했습니다.

사랑하는 아들아, 어떻게 지내고 있는지 몹시 궁금하구나. 아버지와 어머니는 물론 러시아와 독일, 덴마크에 살고 있는 모든 친척들이 너를 한순간도 잊지 않고 있단다.

아버지는 네가 섀퍼 같은 훌륭한 사람이 되었으면 좋겠구나. 우리 가족들은 네가 결코 섀퍼보다 뒤지지 않는다고 믿고 있단다.

— 아버지가

섀퍼는 김나지움에서 칸토어를 가르치는 선생님이었습니다.

아버지는 아들이 섀퍼만큼만 되어도 좋겠다고 생각한 것이었습니다.

편지를 받은 칸토어는 마음이 무척 혼란스러웠습니다. 칸토어는 지금까지 단 한 번도 아버지 말을 거역한 적이 없었습니다.

'아버지가 이토록 내가 수학자가 되는 것을 싫어하다니.'

칸토어는 사랑하는 아버지를 실망시켜 드릴 수는 없다고 생각했습니다.

'아버지, 걱정하지 마세요. 아버지 말씀을 따르겠어요.'

칸토어는 아버지를 기쁘게 해 드리기 위해 수학자가 되려는 꿈을 포기했습니다.

칸토어는 공과 대학에 들어갔습니다. 하지만 학교 공부가 하나도 즐겁지 않았습니다. 하루하루 지치기만 했습니다.

'내가 수학 공부를 할 수 있도록 아버지가 허락해 주시면 얼마나 행복할까?'

칸토어는 아버지에게 자기 속마음을 알려야겠다고 마음먹었습니다. 그래서 아버지에게 편지를 썼습니다.

사랑하는 아버지!

오늘은 아버지에게 중요한 이야기를 하고 싶어서 편지를 씁니다. 지금까지 저는 아버지가 정해 주신

제 미래를 당연하게 받아들였습니다.

　그런데 이제라도 아버지에게 제 마음을 솔직하게 말씀드리고 싶어요.

　아버지, 제발 제가 수학 공부를 계속할 수 있도록 허락해 주세요. 제가 아직 풀리지 않은 많은 수학을 발견해 낼 수 있도록 수학 공부를 계속할 수 있게 해 주세요. 꼭 아버지가 자랑스러워하실 만큼 훌륭한 수학자가 되겠어요.

- 칸토어가

　칸토어 생각을 알게 된 아버지는 마음이 몹시 무거웠습니다.

　'어떤 게 아들을 진정으로 위하는 길일까?'

　아버지는 몇날 며칠을 고민했습니다. 학교 생활을 힘들어하는 칸토어를 보며 아버지는 마음이 아팠습니다.

'그래. 저토록 수학 공부를 하고 싶어 하는데 그걸 막을 수는 없지.'

아버지는 곧바로 칸토어에게 답장을 쓰기 시작했습니다.

네가 그동안 그토록 힘들어했을 줄은 생각지도 못했구나. 네가 그렇게 수학 공부를 하고 싶다면 대학교에 가서 수학을 공부하도록 해라.

언젠가 아버지는 망원경으로 하늘을 바라보는 꿈을 꾼 적이 있단다.

밤하늘에는 보석을 뿌려 놓은 것

처럼 수많은 별들이 반짝이고 있었지. 이 아버지는 네가 저 하늘의 별을 따겠다는 마음으로 꿈을 크게 가졌으면 좋겠구나.

- 아버지가

편지를 받은 칸토어는 가슴이 벅찼습니다.
'아버지, 꼭 훌륭한 수학자가 되겠어요.'
칸토어는 대학교에서 수학을 공부하기 시작했습니다.

베를린 대학교로 가다

이듬해 칸토어에게 큰 슬픔이 닥쳤습니다. 아버지가 세상을 떠난 것이었습니다. 칸토어는 큰 충격을 받고 한동안 아무 일도 할 수 없었습니다.

하지만 곧 정신을 차리고, 칸토어는 베를린 대학교로 옮기기로 했습니다. 좀 더 체계적인 수학 공부를 하고 싶었습니다.

베를린 대학교는 뛰어난 학생만을 골라 공부를 시키는 수준 높은 대학이었습니다. 또 유명한 수학자인 바이어슈트라스와 크로네커가 학생들을 가르치고 있었습니다.

'아, 드디어 어릴 적부터 품어 온 뜻을 마음껏 펼칠 수 있게 되었구나.'

칸토어는 열심히 수학 공부를 해서 훌륭한 수학자가 되리라 마음먹었습니다.

베를린 대학교에서 공부를 하면서 칸토어는 수학 실력이 하루가 다르게 늘어 갔습니다.

칸토어는 그곳에서 슈바르츠와 레플러 같은 친구들을 사귀었습니다. 친구들과 수학 토론하는 시간은 정말 아깝지 않은 귀중한 시간들이었습니다.

그날도 칸토어는 수업 시간 내내 교수가 말한 내용을 한 마디라도 놓칠세라 열심히 공책에 적고 있었습니다.

"와, 뭘 그렇게 열심히 적어?"

뒷자리에 앉아 있던 슈바르츠가 칸토어 어깨너머

로 건너다보며 말했습니다.

"수업 내용을 하나라도 놓치기 싫어서 말이야."

칸토어가 머리를 긁적이며 수줍게 말했습니다.

"칸토어, 그런데 바이어슈트라스 교수님 수업 때는 조심해."

"그게 무슨 소리야?"

"바이어슈트라스 교수님은 수업 시간에 학생들이 공책에 적는 것을 무척 싫어한대."

"뭐라고? 그럼 수업 내용을 한 번 듣고 흘려야 한다는 말이야?"

"그래! 들키지 않게 조심하면 되겠지만, 연구 결과를 발표하는 것조차 별로 좋아하지 않는다고 들었어."

슈바르츠 말을 들은 칸토어는 몹시 긴장이 되었습니다.

바이어슈트라스 교수는 원래 김나지움에서 학생

들을 가르치다가 천재적인 수학 능력을 인정받아 대학교 교수가 된 수학자였습니다.

　소문대로 그는 수업 시간에 학생들이 공책에 적는 것을 달가워하지 않았습니다.

　칸토어는 바이어슈트라스 교수가 하는 수업을 열심히 들었습니다.

　'바이어슈트라스 교수님께 배우는 *삼각 함수는 정말 흥미롭단 말이야.'

　칸토어는 첫 논문 주제를 삼각 함수로 결정했습니다.

　칸토어는 베를린 대학교에서 공부하는 동안, 수학뿐만 아니라 물리학과 천문학에서도 높은 성적을 받았습니다.

　칸토어는 시간이 날 때마다 도서관에 틀어박혀 수학에 관한 책을 읽었습니다. 칸토어 곁에는 늘 수학 책들이 쌓여 있었습니다.

***삼각 함수** 각의 크기를 사인, 코사인, 탄젠트와 같은 삼각비로 나타내는 함수.

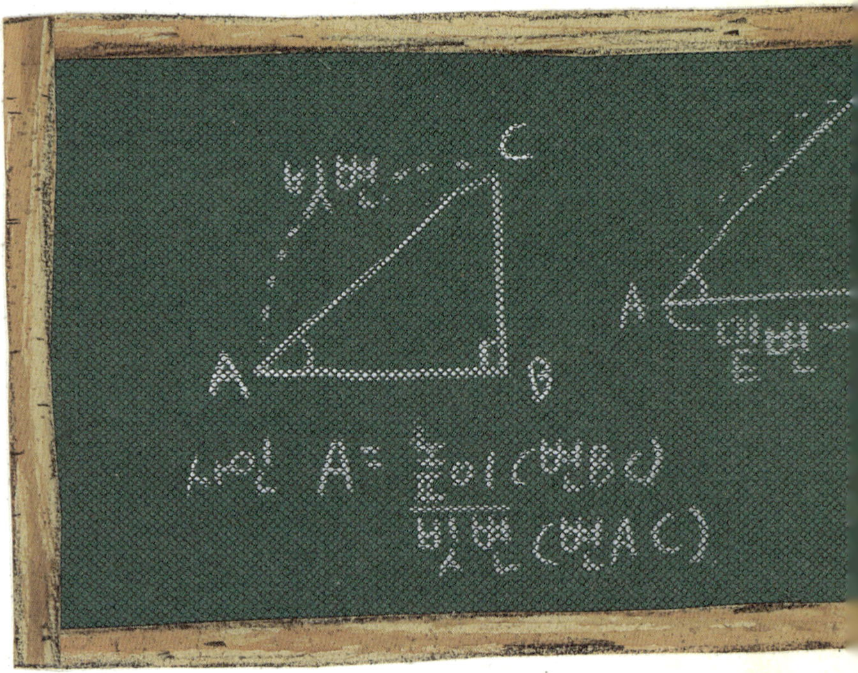

당시 수학계는 수학자 가우스의 영향으로 정수론 연구가 한창이었습니다.

칸토어는 크로네커 교수가 하는 정수론 수업을 듣게 되었습니다. 그런데 정수론에 대해 알아 갈수록 칸토어는 가슴이 벅찼습니다.

'바로 이거야! 나도 정수론을 연구해야겠어!'

칸토어는 가우스가 쓴 『정수론 연구』를 연구하기 시작했습니다.

"세상에 정수론이 이렇게 흥미로울 줄이야."

칸토어는 시간 가는 줄도 모르고 정수론에 푹 빠졌습니다. 공책에는 어느새 정수에 대한 내용으로 꽉 채워져 갔습니다.

괴팅겐 대학교에서 한 학기를 보내기도 하면서 칸토어는 수학을 깊이 연구했습니다.

칸토어는 1867년, 「이차 부정 방정식에 관하여」라는 논문으로 박사 학위를 받았습니다. 그때 칸토어 나이 스물두 살이었습니다.

1869년 봄, 할레 대학교에서 칸토어에게 와 줄 것을 요청했습니다.

할레 대학교는 칸토어가 원했던 대학교는 아니었습니다. 칸토어는 베를린 대학교에서 교수를 하고 싶었습니다. 그런데 교수 자리가 비어 있을 경우에만 교수를 뽑았기 때문에 무작정 기다리고 있을 수만은 없었습니다.

'그래! 할레 대학교에서 열심히 하고 있다가 베를린 대학교에서 교수 자리가 나면 그곳으로 가면 돼.'

칸토어는 할레 대학교로 갔습니다. 처음 교수 생활을 시작하는 칸토어는 우선 그동안 자신이 연구한 것들을 다른 교수들 앞에서 발표해야 했습니다.

드디어 칸토어가 교수들 앞에 서서 발표하는 날이었습니다.

'꼭 멋진 발표를 해야지.'

그런데 어찌된 일인지 시작도 하기 전에 온몸이 부들부들 떨려 왔습니다.

'이래선 안 돼. 정신을 가다듬고 발표를 하자.'

칸토어는 숨을 크게 들이마시고 교수들 앞으로 나갔습니다.

교수들과 눈이 마주칠 때마다 칸토어는 가슴이 떨려 왔습니다.

 그렇게 한 시간이 어떻게 지나가는 줄도 모르게 흘러갔습니다.

 교수들이 일제히 박수를 쳐 주었습니다. 그러자 비로소 칸토어 얼굴이 환해졌습니다.

 칸토어는 할레 대학교에서 조교수로서 학생들을 가르쳤습니다.

집합론 탄생

할레에서 생활은 대체로 만족스러웠습니다.

할레는 세계적인 음악가 헨델이 태어난 곳으로 오페라와 음악이 있는 도시였습니다. 음악을 좋아하는 칸토어는 시간이 날 때면 연주회와 오페라를 보러 다녔습니다.

1872년, 칸토어는 부교수가 되었습니다.

칸토어가 그사이 발표한 논문들에서 다룬 주제는 정수론이었습니다. 또 칸토어는 특히 삼각 함수에 관심이 많았습니다.

그런데 삼각 함수를 보다 보면 꼭 *무한급수가 나왔습니다.

"한없이 가까워지는 '극한', 한없이 모여 있는 '수렴', 무한급수는 보면 볼수록 신비하단 말이야. 그런데 대체 무한이 뭘까?"

칸토어는 정신 나간 사람처럼 천장을 뚫어지게 쳐다보았습니다. 이제껏 무한을 연구한 사람은 없었습니다. 무한은 유한과 다른 것일 뿐이었습니다. 수학에서는 오로지 유한만 다루어야 한다는 게 전통적인 생각이었습니다.

"위대한 수학자 가우스도 '무한은 별 가치가 없다.'고 했지. 정말 그럴까? 인간은 무한을 알 수 없는 것일까?"

생각이 꼬리에 꼬리를 물었습니다. 칸토어는 여러 가지 무한들을 머릿속에 떠올려 보았습니다.

***무한급수** 일정한 법칙에 따라 나열된 무한한 수들의 합.

"자연수, 짝수, 홀수……. 자연수의 무한과 짝수의 무한과 홀수의 무한은 같을까, 다를까? 무한끼리 서로 구별되는 특징이 있을까? ……무한의 크기가 있을까?"

칸토어는 고개를 절래절래 흔들었습니다.

그런데 생각을 떨치려 해도 밥을 먹을 때도, 걸을 때도 머릿속에는 '무한'으로 생각이 꽉 차 버렸습니다.

"그래, 좋아. 무한을 연구해 보는 거야. 왠지 좋은 결과가 나올 것 같아."

그동안 하지 않았던 새로운 연구는 칸토어를 가슴 설레게 했습니다. 그것도 불가능하게만 여겨지던 '무한'을 밝혀내는 일이었습니다.

1872년, 칸토어는 「삼각 급수 이론의 일반화에 관하여」라는 논문을 발표했습니다. 칸토어는 이 논문에서 *실수 개념을 뚜렷하게 정의했습니다. 실수는 수천 년 동안 수학자들이 연구해 왔지만, 그럴듯한 결실을 거두지는 못했습니다.

"아니, 이럴 수가. 나와 같은 생각을 하는 수학자가 있었잖아!"

비슷한 시기에 수학자 데데킨트는 「연속과 무리수」라는 논문을 발표했습니다. 칸토어와 마찬가지로 실수를 연구 주제로 삼은 것이었습니다. 데데킨트는 칸토어의 논문을 보고, 어두운 동굴에서 한 줄기 빛을 본 것 같았습니다.

해서는 안 되는 것으로 여겨지는 주제를 연구하기란 고달프고 외로운 일이었습니다. 그래서 데데킨트는 더없이 반가웠습니다.

데데킨트는 스위스 취리히에 있었습니다. 칸토어와 데데킨트 두 사람은 편지로 자신이 연구한 결과

---

* **실수** 정수와 분수를 뜻하는 유리수와 분수로 나타낼 수 없는 무리수를 통틀어 일컫는 말.

와 생각과 의견을 주고받았습니다.

"데데킨트라는 든든한 동료가 생기다니, 이렇게 기쁠 수가."

칸토어도 기쁘기는 마찬가지였습니다. 데데킨트는 칸토어보다 열네 살이 많았습니다. 그래서인지 생각이 아주 깊었고, 연구를 하는 데 큰 도움이 되었습니다.

칸토어는 데데킨트뿐만 아니라 다른 많은 수학자들에게 이야기해 보고 싶어졌습니다. 하지만 할레 대학교 수학과 회의에서는 생각할 수도 없는 일이었습니다.

칸토어는 문득 베를린 대학교가 떠올랐습니다.

'베를린 대학교였다면 다른 학자들에게 도움을 얻을 수 있었을 텐데. 아, 베를린 대학교나 괴팅겐 대학교에서 나를 불러 주면 얼마나 좋을까?'

칸토어는 고개를 푹 숙이고 생각에 잠겼습니다.

'그래! 이렇게 있을 게 아니라 교수님을 뵈러 베를린 대학교에 한 번 가 봐야겠어.'

칸토어는 짐을 꾸려 베를린으로 떠났습니다.

베를린에 다다른 칸토어는 베를린 대학교로 서둘러 갔습니다. 하지만 결과는 그다지 좋지 않았습니다. 베를린 대학교에 비어 있는 교수 자리는 하나도 없었습니다.

칸토어가 풀이 죽어 시내를 돌아다니고 있을 때였습니다.

"칸토어 씨, 여긴 어쩐 일이세요?"

어여쁜 아가씨가 칸토어를 보더니 반갑게 알은체를 했습니다. 소리 나는 곳을 보니 여동생 친구가 서 있었습니다.

오랜만에 만난 두 사람은 정겹게 이야기를 나누었습니다. 칸토어는 울적했던 기분이 씻은 듯이 사라졌습니다.

'정말 아름다운 아가씨로군.'

헤어지고 난 뒤에도 칸토어는 여동생 친구 얼굴이 눈앞에 아른거렸습니다. 두 사람은 연인이 되었습니다.

1874년, 스물아홉 칸토어는 드디어 청혼을 했습니다.

"나와 결혼해 주십시오."

청혼을 받은 여인은 수줍게 고개를 끄덕였습니다. 결혼식을 올리고, 행복한 신혼부부는 스위스로 신혼여행을 떠났습니다.

그런데 마침 데데킨트 역시 스위스에서 휴가를 보내고 있었습니다.

신혼여행 중에도 칸토어는 무한에 대한 생각을 떨쳐 버릴 수 없었습니다. 칸토어는 좋은 생각이 떠오를 때마다 데데킨트를 찾아갔습니다.

"데데킨트! 무한 집합 크기를 비교할 수 있는 방

법을 찾았어요. 내 생각이 맞는지 좀 들어 주겠어요?"

칸토어가 말을 꺼냈습니다.

"무한 집합 크기를 비교한다고?"

어느새 칸토어 얼굴에 장난기가 가득해졌습니다.

"데데킨트, 오른손 손가락 수를 세어 봐요. 몇 개죠?"

데데킨트는 능청맞게 손가락 수를 세기 시작했습니다.

"하나, 둘, 셋, 넷, 다섯. 다섯 개인데?"

"왼손 손가락 수도 같은가요?"

"음, 왼손과 오른손 손가락 수가 모두 같네. 그런데 그게 어쨌다는 건가?"

데데킨트는 뭘 그런 당연한 걸 물어보냐는 듯이 쳐다보았습니다.

"집합과 집합의 크기를 비교하려면 이렇게 집합의 *원소를 셀 수 있으면 가능해요."

칸토어가 진지하게 말했습니다.

"하지만 집합의 원소를 셀 수 없다면 어떻게 하지? 예를 들어 5까지만 셀 수 있는 사람이 있다고 해 보게."

데데킨트가 물었습니다.

"원소를 셀 수 없어도 가능해요. 예를 들어 빵과 접시를 일일이 세 봐야 어느 쪽이 더 많은지 알 수 있는 것은 아니에요. 접시 위에 빵을 한 개씩 올려놓으면 알 수 있으니까요."

칸토어는 자기가 그런 생각을 했다는 사실이 대

＊**원소** 집합을 이루는 낱낱 요소.

견스러운지 어깨를 으쓱거려 보였습니다.

"그래서 말인데 유리수는 무한이지만, 셀 수 있지 않을까 하는 생각이 들어요."

칸토어가 조심스럽게 말을 꺼냈습니다.

"유리수를 센다고? 정말 아무도 생각하지 못한 놀라운 생각이로군!"

데데킨트는 감탄한 듯 입을 다물지 못했습니다.

1874년은 칸토어에게 아주 특별한 해였습니다.

칸토어는 「모든 실 대수적 수 집합의 특성에 대하여」라는 논문에서 무한 집합을 또렷하게 밝혔습니다. 집합론이 탄생하는 순간이었습니다.

쏟아지는 비난

"아마도 많은 수학자들이 놀랐을 거야."

논문을 발표한 칸토어는 정말 뿌듯했습니다.

하지만 수학자들 반응은 너무 차가웠습니다. 당시 무한을 연구하는 것은 불가능하다고 여겨졌습니다. 수학자들은 무한을 연구하기를 꺼리며 피했습니다. 사람이 알 수 있는 게 아니라고 생각했습니다.

수학자들에게 무한은 무한일 뿐이었습니다.

그런데 칸토어가 무한을 계산하겠다고 나오니 수학자들로서는 이해할 수가 없었습니다.

"무한은 기호로만 나타낼 수 있을 뿐이라고! 그런데 무한을 계산하겠다고?"

"차라리 바닷가 모래알을 세라고 하지?"

"무한은 신만이 셈할 수 있어. 그런데 사람이 어떻게 감히 무한을 다룬다는 말인가?"

"맞아! 나는 무한을 다룬다는 것 자체가 왠지 기분 나빠! 뭔가 기분 나쁜 일이 벌어질 것 같은 예감이 든다니까."

수학자들은 칸토어를 모질게 비난했습니다.

'왜 많은 수학자들이 이 아름다운 발견을 이해하지 못하는 걸까?'

칸토어는 마음이 아팠습니다.

칸토어의 스승인 바이어슈트라스 교수와 크로네커 교수 사이에도 논쟁이 일어났습니다.

"크로네커 교수, 칸토어 생각이 너무 기발하지 않나요? 수학이 새롭게 발전하는 길을 여는 것 아니겠어요?"

바이어슈트라스 교수 말에 크로네커 교수는 얼굴

이 굳어졌습니다.

"그건 수학이 아닙니다!"

크로네커 교수는 두 주먹을 불끈 쥐며 쌀쌀맞게 말했습니다.

"어떻게 그런 심한 말씀을. 저는 지금 칸토어가 내놓은 집합론을 말하는 것입니다."

바이어슈트라스 교수는 자기 귀를 의심하며 거듭 말했습니다.

"저도 알고 있어요. 제 말은 집합론은 수학도 뭐도 아니다 뭐, 이런 말입니다."

크로네커 교수가 단호한 얼굴로 대답했습니다.

바이어슈트라스 교수는 머쓱해지고 말았습니다. 바이어슈트라스 교수는 크로네커 교수가 당연히 자기와 생각이 같을 줄로 알았습니다. 칸토어는 크로네커 교수가 몹시 아끼는 제자이기 때문이었습니다.

"말씀이 지나치시군요. 칸토어는 뛰어난 천재입니다. 원래 수학이라는 것은 발견의 연속 아니던가요? 이건 맞고 저건 틀렸다고 미리 답을 정해 두지 말고 보면 집합론이 이해가 될 겁니다."
바이어슈트라스 교수가 나지막이 말했습니다.
"물론 수학은 발견의 연속이지만, 이건 다른 문제입니다. 신이 만든 건 *정수뿐입니다. 그 밖의 수는 모두 쓸데없는 것으로 인간이 만든 것입니다. 그러므로 칸토어가 만든 무한 집합론 또한 쓸데없는 짓입니다. 칸토어가 한 연구는 기존 수학에 도전하는 무모한 짓일 뿐, 수학이 아닙니다."
크로네커 교수는 애써 화를 참는 듯 고개를 숙이고는 가 버렸습니다. 이 이야기는 칸토어에게도 전해졌습니다.
"크로네커 교수님이 그럴 리가 없어! 당장 찾아 뵈어야겠다.'

***정수** 자연수(1, 2, 3……), 자연수 음수(-1, -2, -3……)와 0을 통틀어 이르는 말.

칸토어는 부리나케 크로네커 교수를 찾아갔습니다. 칸토어를 보자, 크로네커 교수는 얼굴을 찌푸렸습니다.

"자네, 무한의 크기를 비교하고 또 계산할 수 있다고 했다며?"

"네, 무한은 모두 똑같은 무한이 아닙니다. 무한에도 큰 무한과 작은 무한이 있습니다."

칸토어가 고개를 똑바로 쳐들고 크로네커 교수를 바라보았습니다.

"자네, 제정신인가? 그럼 진짜로 무한을 셀 수 있단 말인가?"

크로네커 교수는 어이없다는 얼굴로 칸토어를 힐끗 쳐다보았습니다.

"네, 셀 수 있을 뿐만 아니라 계산도 할 수 있습니다."

"정말 정신이 어떻게 된 거 아닌가? 무한은 기호

일 뿐이라고! 아무짝에도 쓸데없는 기호!"

크로네커 교수는 소리를 버럭 지르며 칸토어를 노려보았습니다.

"스승님, 무한이 쓸데없는 기호라니요? 무한은 계산할 수 있는 숫자입니다. 저는 아름다운 발견을 했을 뿐이라고요."

칸토어가 애원하듯 말했습니다. 하지만 크로네커 교수는 싸늘했습니다.

"뭐, 아름다운 발견을 했어? 허허, 무한 집합이 셀 수 없는 것인데 뭘 발견했다는 건가? 자네, 앞으로는 나를 안다는 소릴랑 절대 하지 말게!"

크로네커 교수는 불같이 화를 냈습니다.

"자넬 보고 싶지 않으니 당장 여기에서 나가게!"

칸토어는 마치 뒤통수를 세게 맞은 것 같았습니다. 심장이 두근거리고 다리가 후들거려 걷기조차 힘들었습니다.

'아아, 크로네커 교수님에게 인정을 받고 싶은 내 마음이 너무 큰 욕심이었단 말인가?'

 그날 저녁 칸토어는 도저히 잠을 잘 수가 없었습니다.
 '무한 집합의 크기를 비교하고 서로 다른 크기를 가진 무한 집합이 존재한다는 위대한 사실을 발견했는데, 스승님은 내게 화를 내시다니.'
 칸토어는 이루 말할 수 없이 마음이 아팠습니다.

수학의 본질

'정말로 내가 잘못 생각한 걸까? 스승님이 말씀하시는 것처럼 내 연구가 하찮은 것일까? 아니야, 언젠가 사람들이 알아주는 날이 올 거야.'

칸토어는 며칠을 뜬눈으로 밤잠을 설치며 생각에 생각을 했습니다. 그러다가 데데킨트에게 편지를 썼습니다.

데데킨트, 나는 수학의 본질은 그 자유성에 있다

고 봅니다. 수학이라면 어떤 것이든 자유롭게 연구를 할 수 있어요. 전혀 알려지지 않았던 무한의 성질을 연구하고 새로운 것을 발견했다면 이것이야말로 대단한 일 아닌가요?

— 칸토어가

칸토어에게 편지를 받은 데데킨트는 곧바로 답장을 보내왔습니다.

칸토어, 지금은 많은 수학자들이 자네가 내놓은 이론을 이해하지 못하지만, 시간이 지나면 분명 자네 이론을 칭송할 것이라고 생각하네.

많은 수학자들이 자네를 비난하는 것은 자네가 한 연구가 형편없어서가 아니라 너무 앞선 것이라 곤혹스러워하고 있는 것이라네.

그러니 실망하지 말고, 자네 이론이 옳다는 것을

꼭 증명해 보이게. 힘을 내게. 자네 곁에는 내가 있지 않은가?

— 데데킨트가

하지만 무한을 연구하는 일은 만만치 않았습니다. 때로는 칸토어 스스로 무한에 대해 의심이 들 때도 있었습니다.

데데킨트, 요즘 나는 정말 속상해요. 무한을 알려고 하는 것이 정말 나만의 욕심은 아닐까 의심마저 들고 있어요.

무한을 연구하면 연구할수록 무한의 속성을 점점 알 수가 없는 것 같아요. 내가 발견한 무한에 관한 증명이 눈앞에 있지만, 믿지는 않아요. 이를 어쩌면 좋을까요?

－칸토어가

편지를 본 데데킨트는 한숨을 푹 쉬었습니다. 유한만을 인정하는 수학자들 사이에서 무한을 연구하기란 너무 힘겨운 일이었습니다.

"그렇다고 무한을 포기할 수는 없지. 칸토어는 반드시 이 일을 해낼 거야."

데데킨트는 칸토어가 약해질 때마다 힘을 실어 주곤 했습니다.

칸토어에게 데데킨트는 동료이자, 연구를 지지하는 후원자이기도 했습니다.

1877년, 칸토어는 「크렐레 저널」이라는 잡지에 논문을 보냈습니다. 「크렐레 저널」은 수학계에서 알아주는 유명한 잡지였습니다. 곧 「크렐레 저널」 편집자에게 연락이 왔습니다.

"교수님 논문을 다음 호에 실을 예정입니다."

칸토어는 무척 기뻤습니다. 자신이 연구한 결과를 많은 수학자들에게 알릴 좋은 기회였습니다.

하지만 어찌된 일인지 논문 발표는 계속해서 늦어졌습니다.

조바심이 난 칸토어는 데데킨트를 찾아갔습니다.

"이상한 일이에요. 내 논문을 분명히 실어 주겠다고 했는데 벌써 몇 달이 지나도록 소식 한 장 없어요."

"조금만 더 기다려 보게."

"이건 틀림없이 크로네커 교수님이 방해를 하고 있는 거예요!"

칸토어가 볼멘소리를 했습니다.

"그럴 리가 있나? 자기와 의견이 다르다고 제자의 앞길을 방해한다는 것이 말이 되는 소린가?"

데데킨트는 도저히 믿을 수 없다는 얼굴을 하고 있었습니다.

"크로네커 교수님이 얼마나 영향력이 대단한지 잘 알잖아요. 아무래도 논문을 가져와서 차라리

다른 잡지에 보내는 게 나을 거 같아요."

"조금만 더 기다려 보게. 나도 알아보겠네."

데데킨트는 칸토어를 달래 주었습니다.

데데킨트는 곧바로 「크렐레 저널」 편집자를 찾아갔습니다. 칸토어가 예상한 대로 크로네커 교수가 방해해서 논문이 실리지 못하고 있었습니다.

데데킨트는 칸토어가 보낸 논문이 실리도록 편집자를 설득했습니다. 그 결과 논문은 이듬해에야 빛을 볼 수 있게 되었습니다. 「크렐레 저널」은 결국 칸토어 논문을 실었습니다.

"데데킨트, 정말 고마워요. 언제나 큰 힘이 되어 주고……."

칸토어는 진심으로 데데킨트가 고마웠습니다.

그렇게 칸토어와 데데킨트의 우정은 더욱더 깊어 갔습니다.

하지만 다른 수학자들 반응은 시큰둥했습니다.

특히 크로네커 교수는 펄펄 뛰며 화를 냈습니다.

칸토어는 데데킨트가 보내는 격려에 힘입어 무한을 연구하는 일에 매달렸습니다.

어느 날 아침을 하기 위해 나온 아내는 깜짝 놀랐습니다. 칸토어가 하루 전날 모습 그대로 책상에 앉아 책을 보고 있었습니다.

"여보, 밤새 한숨도 안 잔 거예요?"

"벌써 아침이란 말이오?"

칸토어는 그제야 책에서 눈을 떼고 아내를 바라보았습니다.

"그렇게 잠도 자지 않고 연구를 하다 건강이라도 해치면 어쩌려고 그래요?"

아내는 안쓰럽게 칸토어를 바라보았습니다.

"괜히 당신 걱정만 시켰구려. 난 아직 괜찮으니 너무 염려 마시오."

칸토어가 싱긋 웃어 보였습니다.

칸토어는 누구보다도 다정한 남편이자 자상한 아버지였습니다. 두 아들과 네 딸은 언제나 부부를 즐겁게 해 주었습니다.

"여보, 이것 좀 보구려. 어젯밤 내가 생각해 낸 거라오."

칸토어가 종이 뭉치를 아내에게 보였습니다.

"당신도 참, 제가 수학에 대해 뭘 안다고……."

"그런가?"

칸토어는 머리를 긁적였습니다.

"연구도 좋지만 건강도 생각하시면서 하세요. 당신은 우리 식구한테 가장 소중한 사람이잖아요."

"알겠소. 당신 말을 따르리다."

칸토어는 환하게 웃으며 아내를 바라보았습니다.

하지만 다음 날도 그 다음 날도 칸토어는 밤을 새는 일이 많았습니다. 무한을 연

구하다 보면 시간 가는 줄을 몰랐습니다.

1879년, 칸토어는 할레 대학교에서 정교수가 되었습니다.

정교수가 되었지만, 칸토어는 여전히 베를린 대학교로 가고 싶어 했습니다.

사실 할레 대학교는 알아주는 대학교는 아니었습니다. 또 연구하기에 좋은 조건도 아니었습니다.

칸토어는 시설도 좋고, 월등한 교수도 많은 베를린 대학교로 가고 싶었습니다. 칸토어는 베를린 대학교에서 교수 자리를 얻는 날을 늘 꿈꾸었습니다.

등을 돌리는 사람들

크로네커 교수는 날이 갈수록 더욱 심하게 칸토어를 비난했습니다.

"칸토어가 내놓은 집합론은 말도 안 되는 이론이야! 이런 이론을 연구랍시고 발표한 칸토어는 정신이 나간 녀석이지!"

크로네커 교수는 수학계에서 알아주는 실력자였습니다. 많은 수학자들이 크로네커 교수를 존경했기 때문에 말 한마디에도 꼼짝 못 했습니다.

그런 크로네커 교수가 노골적으로 칸토어를 비난하자, 많은 수학자들이 칸토어를 멀리했습니다.

 칸토어는 집합론을 발표하기 전까지, 크로네커 교수가 아끼던 제자 가운데 한 사람이었습니다. 크로네커 교수는 칸토어가 할레 대학교에서 교수를 할 수 있도록 추천도 해 주었습니다. 그런데 이제는 칸토어를 몰아내는 지경이었습니다.

 "그런 실력으로 베를린 대학교에 오겠다고? 칸토어, 네 연구는 수학 발전을 가로막는 짓이라고!"

 크로네커 교수가 가진 세력에 비하면 칸토어는 너무 보잘것없었습니다.

 크로네커 교수는 칸토어의 스승이자, 널리 존경받는 수학자였습니다. 하지만 칸토어는 홀로 연구를 하는 이름 없는 수학자일 뿐이었습니다.

 베를린 대학교에서 칸토어를 비난하는 사람은 크로네커 교수 한 사람만이 아니었습니다. 바이어슈트라스 교수를 뺀 거의 모든 교수들이 칸토어를 비난하고 나섰습니다.

 말하자면 칸토어를 비난하는 많은 사람들은 바로 칸토어를 가르쳤던 교수들이었습니다.

 힘든 일은 연달아 닥쳤습니다.

 오랜 시간 우정을 나눠 온 데데킨트와 그만 사이가 벌어지는 일이 생겼습니다. 할레 대학교 교수 자리 때문이었습니다.

 그동안 데데킨트와 수없이 수학적인 이야기를 주고받던 칸토어는 데데킨트가 할레 대학교로 와 주기를 바랐습니다.

 마침 할레 대학교에 교수 자리가 나자, 칸토어는 다른 교수들에게 동의를 얻어 교수 후보자 목록에 데데킨트를 일 순위로 올려놓았습니다.

'틀림없이 데데킨트가 좋아하겠지?'

칸토어는 서둘러 데데킨트를 찾아갔습니다.

"데데킨트, 우리 대학교 수학과에 교수 자리가 비었어요. 우리 학교로 옮기는 게 어때요?"

그런데 데데킨트 반응은 예상 밖이었습니다.

"거절하겠네. 난 브라운슈바이크에 있는 게 더 좋거든."

데데킨트에게 거절을 당한 칸토어는 크게 실망했습니다. 데데킨트를 교수 후보자 일 순위에 올려놓으려고 그렇게 애를 썼는데, 단번에 거절을 당하자 몹시 기분이 나빴습니다.

"도대체 이유가 뭐지요?"

칸토어가 따지듯이 물었습니다.

"나한테는 이곳이 더 맞는 것 같네."

데데킨트 목소리는 차분했습니다.

"단지 그 이유뿐이에요? 혹시 할레 대학교에서 주는 월급이 적어서 그런 건 아니고요?"

칸토어가 다그쳐 물었습니다.

"자넨 내가 돈이나 밝히는 속물로 보이나? 정말 기분 나쁘군!"

화가 났는지 데데킨트 목소리가 쩌렁쩌렁 울렸습니다.

"적어도 내 마음을 알아주리라 믿었어요. 그런데 한번 생각해 본다는 말도 없이 어쩌면 그렇게 거절할 수가 있지요? 제 체면은 또 뭐가 되고요. 정말 서운합니다."

칸토어는 쌀쌀하게 말하고는 몸을 일으켰습니다.

'평생 친구라고 믿었건만.'

칸토어는 마음이 몹시 아팠습니다.

칸토어는 다리가 후들거려 잠시 제자리에 서서 한숨을 푹 쉬었습니다. 그 일로 할레 대학교에서 칸토어는 처지가 난처해졌습니다.

　칸토어는 더욱더 무한을 연구하는 일에 매달렸습니다.

　그러던 어느 날이었습니다.

　베를린 대학교에 있는 후배에게 교수 자리가 비었다는 소식을 들었습니다.

　'그래, 지금이 기회야! 나 같은 인재가 베를린 대학교에 가지 않으면 누가 가겠어?'

　칸토어는 이제야말로 자기 꿈을 이룰 기회가 왔다고 느꼈습니다. 칸토어는 교수 자리에 지원을 했습니다.

　칸토어는 기대에 부풀어 하루하루를 보냈습니다. 젊은 시절부터 꿈꿔 오던 일이 이루어지리라 굳게 믿었습니다.

　하지만 칸토어는 아주 절망적인 소식을 듣게 되었습니다.

크로네커와 많은 교수들 반대에 부딪쳐 베를린 대학교 교수 자리는 한순간에 날아가 버린 것이었습니다.

'내가 얼마나 꿈꿔 왔던 자리인데. 말도 안 돼!'

칸토어는 온몸에 힘이 쭉 빠졌습니다.

한편 크로네커 교수는 칸토어가 베를린 대학교에 지원을 하자, 약이 올랐습니다.

"내가 그렇게 자기를 싫어하는 걸 뻔히 알면서 베를린 대학교에 지원을 했단 말이지? 이건 틀림없이 내 속을 뒤집어 놓으려고 작정을 한 거야."

크로네커 교수는 이를 갈았습니다.

"이대로 있을 수만은 없지! 너도 약 좀 올라 봐라!"

크로네커 교수는 음흉한 웃음을 지었습니다.

그 무렵, 칸토어 논문에 관심을 가지고 있던 잡지는 「악타 마테마티카」뿐이었습니다.

「악타 마테마티카」를 펴내는 사람은 칸토어와 절친한 친구인 레플러였습니다. 레플러는 집합론을 지지하는 몇 안 되는 사람 가운데 하나였습니다.

크로네커 교수는 당장 「악타 마테마티카」에 연락을 했습니다.

"내 논문을 「악타 마테마티카」에 발표했으면 좋겠소만."

「악타 마테마티카」에서는 최고의 수학자인 크로네커 교수가 연락을 해 오자 반갑기 그지없었습니다. 그런데 「악타 마테마티카」는 칸토어 논문을 싣고 있었습니다. 그런데 칸토어를 비난하는 크로네커 교수 논문을 함께 싣는다는 것이 조금은 부담스러웠습니다. 결국 칸토어가 밀려날 수밖에 없었습니다.

크로네커 교수가 연락을 해 왔다는 소식은 곧 칸토어에게 전해졌습니다.

"뭐라고? 교수님이 어떻게 된 거 아냐?"

칸토어는 소리를 버럭 질렀습니다.

「악타 마테마티카」는 칸토어가 논문을 발표하는 유일한 잡지였습니다. 그런 잡지에 자신을 반대하는 크로네커 교수의 논문이 실린다고 생각하니 머리에서 쥐가 날 정도였습니다.

"이건 틀림없이 날 골탕 먹이려는 수작이야! 만약 크로네커 교수의 논문이 잡지에 실리면 난 정말 큰 타격을 받게 될 거야. 그 노인네 논문은 보나마나 나를 비난하는 논문일 테니까."

칸토어는 당장 레플러를 찾아갔습니다.

"자네, 설마 크로네커 교수의 논문을 실으려는 건 아니겠지?"

칸토어가 다짜고짜 물었습니다.

"그건 나 혼자 결정할 문제가 아니라 좀 더 생각을 해 봐야겠네."

"그런 말이 어디 있나? 자네는 둘도 없는 내 친구야! 보나마나 그 노인네가 쓴 논문은 날 비난하는 내용일 텐데 어떻게 그런 논문을 실을 생각을 할 수 있나?"
칸토어 목소리가 점점 커졌습니다.
"흠, 흠! 나는 크로네커 교수의 논문을 싣겠다고 하지는 않았네. 하지만 자네도 알다시피 크로네커 교수의 논문을 실을 수만 있다면 우리 잡지의 가치가 올라갈 수도 있고."

레플러는 마음이 불편한지 연신 헛기침을 해댔습니다.
"가치라고 했나? 그러니까 자네는 자네 한 사람 성공을 위해 친구 따윈 필요 없다는 것인가?"
칸토어 목소리가 쩌렁쩌렁 울렸습니다.
"무슨 그런 말이 있나? 아직 결정된 것은 하나도 없어."

"그게 그 말이지! 단번에 거절을 해야지 검토를 한다는 것은 크로네커 교수가 쓴 논문을 발표하고 싶다는 소리 아닌가? 당장 멈춰 주게!"
칸토어가 단호하게 말했습니다.
"이보게, 아무리 친구라지만 말이 너무 심하군! 이 잡지는 나 혼자 만드는 게 아니야. 그리고 솔직히 자네가 다른 사람의 논문을 실어라 마라 할 권리가 있나?"
레플러 역시 화가 잔뜩 치밀어 퉁명스럽게 대꾸했습니다.

"뭐라고? 자네가 나한테 어떻게 이럴 수 있나?"
칸토어는 레플러를 노려보고는 벌떡 자리를 박차고 일어났습니다.
"에이! 자네 맘대로 생각하게. 언제는 자네 맘대로 생각하지 않았나?"
레플러도 얼굴을 무섭게 찡그리고 탁자를 탁 하

고 쳤습니다.

 그 일로 칸토어와 레플러 두 사람 사이는 어색해지고 말았습니다.

 사실 이 모든 것이 크로네커 교수가 꾸민 계략이었습니다.

 크로네커 교수는 「악타 마테마티카」에 낼 논문도 없었습니다. 그저 칸토어를 약 올릴 작정으로 논문을 발표하고 싶어 하는 척한 것이었습니다.

 칸토어는 머리를 쥐어뜯으며 울부짖었습니다.

가슴에 상처는 걷잡을 수 없이 커졌고, 머릿속은 모든 게 뒤죽박죽되어 버렸습니다.

우울증과 싸우는 수학자

그날 저녁, 칸토어는 풀이 죽은 모습으로 집으로 돌아왔습니다.

"아빠!"

머리를 길게 땋은 딸 둘이 칸토어에게 달려왔습니다.

"내가 먼저야!"

"아니야! 내가 먼저라고!"

딸들은 서로 아빠를 먼저 차지하려고 아빠 품으

로 달려들었습니다.

천진난만한 딸들을 바라보는 칸토어 눈에 눈물이 맺혔습니다.

"자, 자, 모두 이리 오렴. 너흰 모두 아빠의 소중한 아이들이란다."

칸토어는 두 딸을 힘껏 안아 주었습니다.

칸토어의 괴로운 마음을 아는지 모르는지 아이들은 재롱을 피웠습니다.

"아빠, 저 오늘 바이올린 선생님한테 칭찬받았어요. 진짜 진짜 연주를 잘한다고요."

막내딸이 웃으며 칸토어 무릎 위에 앉았습니다.

"그래? 그럼 우리 막내딸 연주 한 번 들어 볼까?"

막내딸이 바이올린을 연주하는 동안, 칸토어는 바이올린을 뚫어져라 바라보았습니다.

'나도 저런 시절이 있었지. 만약 내가 수학자가

되지 않고 음악가가 되었으면 어땠을까? 지금처럼 비참하지는 않았겠지?'

칸토어 눈에서 눈물이 주르르 흘러내렸습니다. 수학자가 된 것을 처음으로 후회하는 순간이었습니다.

"아빠, 왜 울어요?"

막내딸이 천진난만한 얼굴로 칸토어를 바라보았습니다.

"바이올린 소리가 좋아서 나도 모르게 눈물을 흘리고 말았구나."

칸토어는 재빨리 눈물을 닦고는 웃어 보였습니다. 아내는 오늘 칸토어가 조금 이상하다고 생각했습니다.

"자, 이제 너희들끼리 놀려무나. 아빠 피곤하시겠다."

아내는 아이들을 데리고 방으로 들어갔습니다.

칸토어는 아이들에게 더없이 자상한 아버지였습니다. 물론 아내에게도 늘 마음을 써 주는 따뜻하고 든든한 남편이었습니다.

조금 뒤, 아내가 칸토어에게 다가왔습니다.

"당신 오늘 무슨 일 있었어요? 너무 피곤해 보이는군요."

"좀 그런 일이 있었소. 여보, 당신은 말이오. 나와 누군가가 싸운다면 누구 편을 들겠소?"

칸토어가 아내를 쳐다보며 물었습니다.

"당신도 참! 물어볼 걸 물어보세요. 난 당신을 믿어요. 당연히 당신 편을 들지요."

"내가 먼저 싸움을 걸 수도 있지 않겠소?"

"당신이 먼저 싸움을 걸었다면 그럴 만한 이유가 있었겠지요. 전 늘 당신 편이에요."

그제야 칸토어 얼굴이 밝아졌습니다.

"전 언제나 당신을 아주 많이 사랑하는걸요."

그 모습을 보고 아내가 수줍게 말했습니다.

그날 밤, 칸토어는 잠이 들지 못했습니다.

잠을 자려고 이리저리 뒤척였지만, 좀처럼 잠을 잘 수가 없었습니다.

오히려 그동안 일어났던 일들이 생생하게 떠올라 칸토어를 괴롭히기 시작했습니다.

자신을 아껴 주던 크로네커 교수의 모습과 자신을 비난하는 크로네커 교수의 모습이 함께 떠올랐습니다.

'아, 어디서부터 잘못되었단 말인가? 왜 이렇게 모든 게 뒤죽박죽이 되었지?'

칸토어는 고개를 가로저었습니다.

'내가 바라는 건 이런 게 아니었는데, 이게 뭐란 말인가? 내가 존경하는 스승님과도 적이 되었고, 친구들도 하나 둘 내 곁에서 멀어져 갔어. 난 외톨이야. 외톨이.'

마음이 괴로운 칸토어는 계속해서 잠을 이루지 못했습니다.

그러던 어느 날이었습니다.

칸토어는 크로네커 교수가 발표한 논문을 읽게 되었습니다. 온통 자기 연구를 비난하는 내용이었습니다. 그걸 읽는 내내 칸토어는 별별 생각이 다 들었습니다.

'정말로 내 연구가 잘못된 것은 아닐까? 크로네커 교수는 내가 존경하는 훌륭한 수학자가 아닌가. 그런데 저렇게까지 내 연구를 비난하는 데는 정말 어떤 이유가 있는 것은 아닐까?'

칸토어는 머리를 감싸 쥐고 생각에 잠겼습니다.

'맞아, 크로네커 교수 같은 수학자가 아무런 이유도 없이 십 년 동안이나 내 연구를 비난할 이유가 없지 않은가? 나는 그분 제자야. 내가 대단한 연구를 해냈다면 교수님께도 좋은 일일 텐데 저

토록 나를 비난하는 것은 정말 내게 문제가 있는 것은 아닐까?'

이런저런 생각이 들자 칸토어는 미칠 것 같았습니다.

그때 크로네커 교수가 한 독설이 귀에 들려오는 것 같았습니다.

"미친 놈! 이건 수학이 아니야!"

크로네커 교수 목소리는 계속해서 더욱 또렷하게 들려오기 시작했습니다.

"아아, 그만해요! 그만!"

칸토어는 귀를 꽉 틀어막고 머리를 세차게 흔들었습니다.

그러고는 문득 정말로 자신이 한 연구가 정말 잘못된 것은 아닐까 하는 생각이 들었습니다.

'교수님 말대로 혹시 내가 미쳤을까? 아, 내가 미친 걸까?'

칸토어는 날이 갈수록 심한 우울증에 빠졌습니다. 혼자 방 안에 틀어박혀 엉엉 울다가 미친 듯이 웃기도 했습니다. 그러다 기절을 하는 날도 많았습니다.

어느 날이었습니다.

잠을 자다 이상한 낌새에 잠이 깬 아내는 깜짝 놀랐습니다.

칸토어가 방 한구석에 웅크리고 앉아 부들부들 떨고 있기 때문이었습니다.

"여보! 여보!"

아내는 애처롭게 남편을 불렀습니다.

하지만 칸토어는 멍한 표정으로 아내를 쳐다보다가 이내 바닥으로 쓰러지고 말았습니다.

칸토어는 정신병원으로 실려 갔습니다.

아내는 정성껏 칸토어를 간호했습니다. 시간이 지나자 다행히 칸토어도 원래대로 돌아왔습니다.

칸토어가 퇴원을 하고, 얼마 뒤의 일이었습니다. 이제 집에 다시 평화가 찾아오는 듯했습니다.

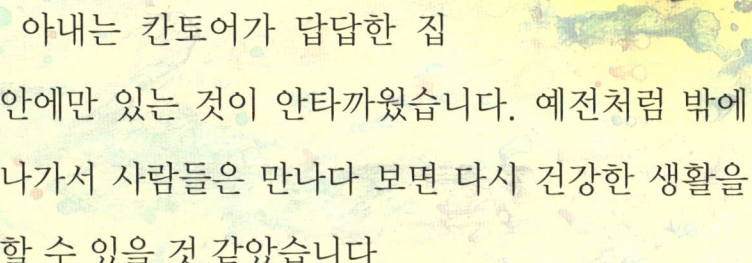

아내는 칸토어가 답답한 집 안에만 있는 것이 안타까웠습니다. 예전처럼 밖에 나가서 사람들은 만나다 보면 다시 건강한 생활을 할 수 있을 것 같았습니다.

"여보! 집에만 있지 말고 사람들도 만나고 그러세요."

"그래, 그래 볼까? 마침 수학자들 모임이 있는데 그곳에 가 봐야겠군."

칸토어는 외투를 걸치고 일어섰습니다. 오랜만에 맡아보는 바깥공기가 제법 상쾌했습니다.

그날은 칸토어가 우울증을 앓은 뒤 처음으로 모임에 나가는 날이었습니다.

모임에는 몇몇 수학자들이 와 있었습니다.

"아프다더니 이제 다 나은 건가?"

수학자들이 칸토어를 걱정해 주었습니다.

시간이 갈수록 수학자들 숫자는 늘어났습니다.

수학자들은 삼삼오오 모여 재미있게 이야기를 나누고 있었습니다.

그런데 어찌된 일인지 칸토어 얼굴이 화끈거리기 시작했습니다.

'왜, 왜 이러지?'

칸토어는 얼굴을 매만졌습니다.

그때였습니다.

"칸토어 말이야. 여긴 뭐 하러 나왔지? 그러게 말도 안 되는 걸 가지고 연구랍시고 발표하는 꼴이라니. 정말 우습지 않나?"

"그러게 말이야. 난 저 친구 때문에 재미있는 수학이 지겨워질 뻔했다니까."

칸토어는 두 사람 말소리를 절대로 들을 수 없을 만큼 멀리 떨어져 있었습니다. 그런데 바로 옆에서 이야기를 나누는 것처럼 생생하게 들리는 것이었습니다.

주변을 둘러보자, 수학자들이 흘끗거리며 모두 자기 흉을 보는 것 같았습니다.

"아아."

칸토어는 도망치고 싶은 마음뿐이었습니다.

너무 늦은 화해

칸토어는 정신병원과 요양소를 왔다 갔다 하며 치료를 했습니다. 언젠가는 퇴원을 한 뒤, 철학 책과 영문학 책을 읽기 시작했습니다. 전혀 다른 분야의 책을 읽는 일도 꽤 재미있었습니다.

차츰 칸토어는 안정을 찾아갔습니다.

그러던 어느 날, 칸토어는 어느 골동품상에서 베이컨이 펴낸 오래된 책을 발견했습니다. 그 책은 세상 사람들에게 잘 알려지지 않은 책이었습니다.

그 책을 읽던 칸토어에게 기발한 생각이 떠올랐습니다.

'혹시 베이컨이 셰익스피어의 희곡을 쓴 것은 아닐까?'

칸토어는 베이컨이 위대한 시인이었다는 사실을 들어 이런 결론을 내렸습니다.

사람들은 이런 칸토어를 두고 말들이 많았습니다. 칸토어는 사람들 말에 별로 신경 쓰지 않았습니다.

칸토어는 정신이 들 때면 놀라운 연구 성과를 거두곤 했습니다. 그러다가도 상태가 나빠지면 병원에 갔지만, 집합론은 꾸준히 발전시켜 나갔습니다.

칸토어가 병원에 입원해 있던 어느 날, 크로네커 교수가 찾아왔습니다.

"칸토어, 어서 건강을 되찾아야 할 텐데. 나도 이제 많이 늙었어."

칸토어는 조용하게 웃음 지었습니다.

"자네는 탁월한 수학자야. 수학의 새 시대를 열었지. 그 사실을 깨닫는 데 시간이 이렇게 오래 걸렸구먼."

크로네커 교수는 진심으로 미안한 생각이 들었습니다. 칸토어는 알 수 없는 웃음만 지을 뿐이었습니다.

"칸토어, 정말 미안하네. 나를 용서해 주게."

스승과 제자 사이에 일어난 길고 긴 싸움도 이제 끝이 났습니다. 하지만 칸토어에게 생긴 병은 되돌릴 수 없었습니다.

해가 바뀔수록 다행히 칸토어를 알아주는 수학자

들이 점점 늘었습니다.

 칸토어는 수학자들과 만나면서 의견을 주고받으며 수학 발전을 도모했습니다. 독일 수학자협회가 만들어지도록 힘쓰고, 삼 년 동안 초대 회장을 맡기도 했습니다.

 또 서로 다른 기관, 서로 다른 나라에서 수학을 함께 연구하도록 힘썼습니다.

 "수학에서 새로운 발견을 누구도 막아서는 안 된다. 또 새로운 발견, 새로운 연구 결과는 널리 모두 함께 누려야 한다."

 1890년대가 끝나 갈 즈음, 칸토어는 논문을 쓰면서 몇 가지 *모순을 발견했습니다.

 "아, 이럴 수가. 왜 모순이 생기는 거야. 이유를 모르겠어. 대체 왜?"

 칸토어는 머리를 싸매고 괴로워했습니다.

 칸토어는 다시 정신병원에 입원할 정도로 건강이

＊**모순** 이치상 어긋나서 서로 맞지 않음.

나빠졌습니다.

  그러던 중 칸토어에게 가슴 아픈 일이 생겼습니다. 사랑하는 막내아들이 열세 번째 생일을 며칠 앞두고 그만 세상을 떠나고 말았습니다.

  막내아들은 음악적 재능이 아주 뛰어난 아이였습니다. 그래서 훌륭한 음악가가 되어 주기를 기대했습니다.

  '아, 내가 아버지 노릇을 제대로 못 해서 자식을 먼저 보내고 말았구나.'

  칸토어는 가슴을 치며 통곡했습니다.

  막내아들이 몸이 약한 탓이었지만, 칸토어는 자기가 모두 잘못한 것처럼 느껴졌습니다.

  1900년, 국제 수학자 대회가 열렸습니다.

  이 대회에서 수학자 힐베르트는 수학 발전을 위해 20세기 수학자들이 풀어야 할 문제 스물세 개를 내놓았습니다. 그 첫 번째 문제는 바로 칸토어가 내놓은 *가설이었습니다.

집합론은 이제 칸토어만이 가진 문제가 아니었습니다. 나라 안팎 여러 수학자들이 집합론에 관한 논문을 발표했습니다. 집합론을 편드는 연구뿐 아니라, 반대하려고 행한 연구도 있었지만, 어쨌든 많은 성과들이 생겼습니다.

이듬해 칸토어는 런던 수학회의 명예 회원이 되었습니다. 그 뒤에도 크리스티나 대학교와 성 앤드리우스 대학교에서 오백 주년을 기념해 명예 학위를 받고, 또 런던 왕립협회로부터 메달을 받았습니다. 늦게나마 칸토어 연구가 인정을 받기 시작한 것이었습니다.

칸토어는 논문을 내지는 않았지만, 많은 수학자들이 수긍할 수 있도록 증명에 증명을 거듭했습니다. 불가능하게만 보였던 무한을 받아들이면서 수학자들은 감탄하지 않을 수 없었습니다.

***가설** 어떤 사실을 설명하기 위해 임시로 인정한 일.

칸토어가 할레 대학교에서 교수 생활을 한 지도 어느덧 사십여 년이 지났습니다. 베를린 대학교로 갈 날을 꿈꾸던 칸토어는 결국 꿈을 이루지 못하고 은퇴를 했습니다.

1914년, 제일 차 세계 대전이 일어났습니다. 유럽은 전쟁 소용돌이에 빠져 허우적댔습니다.

칸토어는 일흔 살이 가까운 노인이었습니다. 전쟁은 상황을 더욱 안 좋게 만들었습니다. 식량을 구하기 어려워 굶는 날도 있었습니다.

전쟁이 끝나 갈 무렵, 칸토어는 할레에 있는 한 정신병원에서 쓸쓸히 숨을 거두었습니다. 칸토어는 작은 공동묘지로 옮겨졌습니다.

그동안 수없이 정신병원을 드나들어야 했던 칸토어는 비로소 자유로울 수 있었습니다.

수학사에 남긴 칸토어의 업적

19세기에 새로운 수학이 꿈틀거리는 곳에 바로 칸토어가 있었어요. 현대 수학의 바탕은 칸토어가 창시한 집합론이에요. 중학교, 고등학교 수학 시간에서 맨 처음 다루는 내용도 바로 집합이지요.

집합이라는 개념과, 집합끼리 셈하는 법칙은 칸토어 이전에도 있었어요. 그런데도 칸토어가 집합론 창시자라고 불리는 것은 무한 개념으로써 집합을 명쾌하게 밝혀냈기 때문이에요.

칸토어는 집합론으로 위대한 이름을 남겼지만, 집합론으로 인해 삶은 피해를 받았어요. 베

칸토어

1845년	1863년	1869년	1872년
러시아 상트페테르부르크에서 태어남.	베를린 대학교로 옮김.	할레 대학교 조교수가 됨.	「삼각 급수 이 일반화에 관ㅎ 발표함. 부교수

　를린 대학교에서 교수가 되고 싶었지만 이루지 못했고, 마흔 살 무렵부터 정신병을 앓아 끝내 완쾌하지 못했지요.

　칸토어가 내놓은 집합론은 다른 수학자들이 쉽게 받아들일 수 없었어요. 내용이 어려워서라기보다 그동안 연구하기를 꺼리던 무한을 연구했기 때문이에요. 무한은 인간의 한계를 넘는 것이라 생각했어요. 수학자 가우스도 '무한은 수학적 가치가 없다.'고 했어요.

　그런데 칸토어는 무한을 여러 종류로 나누고, 무한끼리 셈을 하고, 크기 비교도 했어요. 또 셀

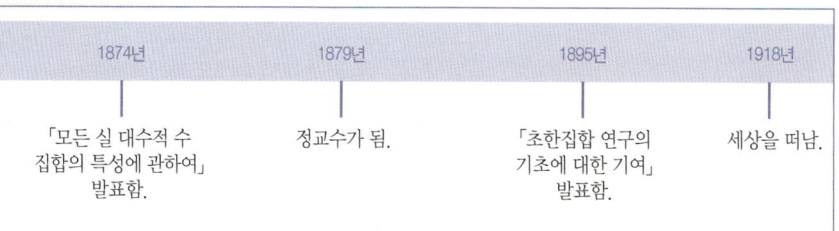

1874년	1879년	1895년	1918년
「모든 실 대수적 수 집합의 특성에 관하여」 발표함.	정교수가 됨.	「초한집합 연구의 기초에 대한 기여」 발표함.	세상을 떠남.

수 있는 무한과 심지어는 셀 수 없는 무한을 구별하면서 자연수, 정수, 유리수의 집합은 셀 수 있는 집합이지만, 실수는 셀 수 없다는 것을 증명했지요.

칸토어가 내놓은 집합론은 당시로서는 아주 혁명적인 사건이었고, 수학자들은 위험성마저 느꼈어요. 가장 앞장서서 공격한 사람이 존경하던 스승 크로네커라는 게 또한 슬픈 일이었지요.

크로네커와 같은 당시 수학자들은 수학이 또렷하게 머릿속에 들어와야 한다고 생각했어요. 그러니 무한이라는 것을 받아들일 수도 없었고, 그 증명하는 방식에 코웃음을 쳤지요. '그럴 수

밖에 없다.'는 식으로 증명을 했기 때문이에요.

크로네커는 '신은 정수를 만들었다. 나머지는 다 인간이 만들었다.'고 했어요. 또 '칸토어 논문은 수학이 아니다.'라며 강하게 비난했지요. 전통적인 생각에만 사로잡혀 꼭꼭 벽을 쌓아 놓았어요.

하지만 칸토어는 데데킨트에게 보내는 편지에서 '수학의 본질은 그 자유성에 있다.'고 했어요. 이 말은 새로운 발돋움을 하지 못하는 수학자들을 향한 외침과 같아요.

또 현대 수학의 아버지라 불리는 힐베르트는 '칸토어가 이끈 낙원에서 우리가 쫓겨나는 일은

데데킨트

없을 것이다.'라고 했지요. 칸토어는 그야말로 수학사에 한 획을 그은 거예요.

칸토어는 어려서부터 순하고 예민했어요. 윗사람 말에 따르려고 노력했고, 남을 공격하기보다는 자신을 먼저 탓했지요. 이런 성격이기에 수학자들이 하는 공격과 냉대를 견뎌내기 더욱 힘들었어요. 또 무한을 연구했기 때문에 더욱 정신적으로 힘들었다고도 하지요. 다행히 데데킨트가 있어 함께 연구하고 힘이 되어 주었어요.

칸토어는 러시아에서 태어나고, 열두 살에 독일로 옮겨요. 또 아버지는 덴마크 사람이었기 때문에 칸토어는 세 나라 국적을 가지고 있었지요.

칸토어가 높은 평가를 받게 되자, 이들 세 나라에서 칸토어가 자기네 나라 사람이라고 주장하는 재미있는 일이 벌어졌어요.

칸토어가 밝혀낸 무한 개념은 철학적 사고에 큰 변화를 불러왔고, 자연과학과 인문과학에도 영향을 끼쳤어요. 무엇보다도 수학에 새로운 장을 여는 위대한 영향을 끼쳤지요.

왕립협회 메달

칸토어 더 살펴보기

무한 집합

군대에서 '집합!'이라고 호령을 하면 군인들이 후닥닥 한곳에 모여요. 수학에서 말하는 집합은 특정 조건에 맞는 낱낱의 모임이에요.

'우리나라 초등학교 오 학년 학생들 모임'이라든가 '서울에 있는 초등학교 학생 중, 키가 150센티미터 이상인 학생들 모임'은 모두 집합이에요. 하지만 '예쁜 여자 아이들 모임'은 조건이 모호하기 때문에 집합이라고 할 수 없어요. 예쁘다는 기준은 시대마다 다르고, 사람마다 다르니까요.

그럼 이제 무한과 유한의 차이를 생각해 볼까요? 한마디로 유한이란 한계가 있는 것이고, 무한이란 한계가 없는 거예요. 예를 들어 사람 머리카락 수는 유한이에요. 너무 많아 세기가 힘들지만, 인내심을 가지고 세면 언젠가 다 셀 수 있지요.

또 지구에 있는 모래알 역시 유한이에요. 물론 몇 개인지 세어 볼 수는 없지만, 논리적인 힘으로 알 수 있지요. 아무리 큰 수라 해도 한계가 있으면 유한이에요.

이렇게 유한인 것이 집합을 이루면 유한 집합

이에요. 그러니까 '우리나라 초등학교 오 학년 학생들 모임'은 유한 집합이지요.

하지만 자연수는 끝이 없이 계속되는 무한이에요. 자연수 집합은 무한 집합이지요. 또 자연수 가운데 짝수들 집합, 또는 홀수들 집합도 무한 집합이에요.

칸토어는 여러 무한 집합을 놓고 집합을 이루는 원소들은 대응시켰어요. 대응은 짝짓기라고 할 수 있어요. 두 집합에 속하는 낱낱을 하나씩 하나씩 대응시킬 수 있으면, 두 집합은 크기가 같지요.

자연수 집합과 짝수 집합은 하나씩 하나씩 대

응시킬 수 있어요. 그러니까 자연수 집합과 짝수 집합은 크기가 같아요. 자연수에는 홀수도 있고 짝수도 있는데 말이에요.

칸토어는 무한에 관해 ℵ(알레프)라는 기호를 썼어요. ℵ는 히브리어 알파벳 첫 글자예요. 칸토어가 유대인 혈통을 이어받은 영향이지요.

수학 영재들이 꼭 읽어야 할 천재 수학자 10
수학으로 불가능을 뛰어넘어라 칸토어

펴낸날	초판 1쇄 2008년 9월 25일
	초판 4쇄 2017년 10월 31일

지은이 **김경희**
그린이 **최지경**
감　수 **계영희**
펴낸이 **심만수**
펴낸곳 **(주)살림출판사**
출판등록 1989년 11월 1일 제9-210호

주소　　경기도 파주시 광인사길 30
전화　　031-955-1350　　팩스　031-624-1356
홈페이지　http://www.sallimbooks.com
이메일　book@sallimbooks.com

ISBN　978-89-522-0847-7　77410
　　　978-89-522-0828-6　77410 (세트)

살림어린이는 (주)살림출판사의 어린이 브랜드입니다.

※ 값은 뒤표지에 있습니다.
※ 잘못 만들어진 책은 구입하신 서점에서 바꾸어 드립니다.

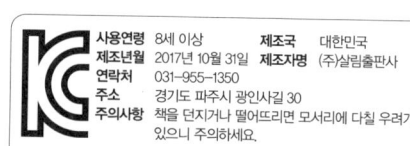

사용연령 8세 이상　제조국 대한민국
제조년월 2017년 10월 31일　제조자명 (주)살림출판사
연락처 031-955-1350
주소 경기도 파주시 광인사길 30
주의사항 책을 던지거나 떨어뜨리면 모서리에 다칠 우려가 있으니 주의하세요.

KC마크는 이 제품이 공통안전기준에 적합하였음을 의미합니다.